Bibliografische Information der Deutschen Nationalbibliothek:

Die Deutsche Bibliothek verzeichnet diese Publikation in der Deutschen National-
bibliografie; detaillierte bibliografische Daten sind im Internet über http://dnb.d-
nb.de/ abrufbar.

Impressum:

Copyright © 2018 GRIN Verlag
Druck und Bindung: Books on Demand GmbH, Norderstedt Germany
ISBN: 9783668801714

Dieses Buch bei GRIN:

https://www.grin.com/document/439501

Dennis Kraft

Der Product Owner in agilen Softwareentwicklungsprojekten

Aufgaben und Herausforderungen des Product Owners

GRIN Verlag

GRIN - Your knowledge has value

Der GRIN Verlag publiziert seit 1998 wissenschaftliche Arbeiten von Studenten, Hochschullehrern und anderen Akademikern als eBook und gedrucktes Buch. Die Verlagswebsite www.grin.com ist die ideale Plattform zur Veröffentlichung von Hausarbeiten, Abschlussarbeiten, wissenschaftlichen Aufsätzen, Dissertationen und Fachbüchern.

Besuchen Sie uns im Internet:

http://www.grin.com/

http://www.facebook.com/grincom

http://www.twitter.com/grin_com

Softwareprojekte

Der Product Owner in agilen Softwareprojekten

Dennis Kraft

Modul INT81 – Electronic Entrepreneurship II

Studiengang Entrepreneurship und Innovation (Master of Business Administration)

12.08.2018

Inhaltsverzeichnis

Abbildungsverzeichnis

1 Einführung in das Thema

1.1 Problemstellung und Zielsetzung

Die Entwicklung von Software ist ein hochkomplexes Vorhaben. Gleichzeitig ändern sich Kundenanforderungen, Kaufverhalten und Marktgegebenheiten unter anderem aufgrund der Digitalisierung immer schneller. Umso wichtiger ist es für Unternehmen, eine kürzere time-to-market zu erreichen sowie auf sich ändernde Marktbedingungen schnell reagieren zu können. Aus diesen Gründen haben agile Entwicklungsmethoden, insbesondere das Scrum-Framework, in den letzten Jahren zunehmend an Bedeutung gewonnen und werden in immer mehr Unternehmen eingesetzt. Anders als beim Wasserfallmodell (sequenzielles Vorgehensmodell nach Projektphasen) werden bei der agilen Softwareentwicklung nicht sämtliche Anforderungen vor Projektbeginn geplant.[1] Bei agilen, iterativen (zu Deutsch: sich wiederholenden) Entwicklungsmodellen wird die Software durch regelmäßiges Feedback der Zielgruppe stetig verbessert und es kann sehr schnell auf Änderungen im Markt reagiert werden.

Die Rolle des Product Owners ist im Scrum-Framework eine der zentralsten und gleichzeitig herausforderndsten Rollen, da er alleine die Verantwortung für das Produkt trägt. Um zu vermeiden, dass der Erfolg des Produkts und / oder des Unternehmens gefährdet wird, Ressourcen verschwendet oder Kundenbedürfnisse nicht erfüllt werden, muss bei der Besetzung der Rolle genau darauf geachtet werden, welche Fähigkeiten die Person besitzt. Die richtige Auswahl des Product Owners ist ein wesentlicher Faktor für den Erfolg des Produkts.

Ziel dieser Arbeit ist es, zu untersuchen, durch welche Fähigkeiten der Product Owner in agilen Softwareentwicklungsprojekten den Erfolg seines Produktes positiv beeinflussen kann. Dazu gilt es, nach der Definition grundlegender Begrifflichkeiten, die Aufgaben und Herausforderungen von Product Ownern zu untersuchen. Auf Basis dieser Aufgaben und Herausforderungen sind Fähigkeiten zu erarbeiten, die dem Product Owner zu einer erfolgreichen Tätigkeit und somit zu einem erfolgreichen Product verhelfen.

1.2 Aufbau dieser Arbeit

In Kapitel 2 werden zunächst die zum Verständnis der Thematik notwendigen Grundlagen gelegt. Hierzu wird zuerst das Scrum-Framework im Allgemeinen erläutert. Anschließend wird auf die

---

[1] Vgl. o.V. (2011), http://www.isicore.de/ (Stand: 05.08.2018)

einzelnen Scrum-Rollen sowie auf die für diese Arbeit relevanten Scrum-Artefakte eingegangen. In Kapitel 3 wird dann darauf aufbauend untersucht, welche Aufgaben und Herausforderungen auf den Product Owner bei seiner täglichen Arbeit zukommen. Von diesen Aufgaben und Herausforderungen werden anschließend Fähigkeiten abgeleitet, die ein Product Owner benötigt, um mit seinem Produkt erfolgreich zu sein. Kapitel 4 bildet mit der Zusammenfassung und kritischen Reflexion den Abschluss dieser Arbeit.

2 Grundlagen der agilen Softwareentwicklung nach Scrum

2.1 Das Scrum-Framework

„Scrum [ist] ein Rahmenwerk, innerhalb dessen Menschen komplexe adaptive Aufgabenstellungen angehen können, und durch das sie in die Lage versetzt werden, produktiv und kreativ Produkte mit dem höchstmöglichen Wert auszuliefern."[2] So beschreiben Ken Schwaber und Jeff Sutherland das Scrum-Framework, welches sie Anfang der 1990er Jahre entwickelt haben, in ihrem Scrum-Guide.[3] Dieser Aussage ist zu entnehmen, dass es sich bei Scrum nicht um einen standardisierten Prozess handelt, sondern um ein Rahmenwerk, in welchem Arbeit organisiert und durchgeführt werden kann, sowie Kreativität gefördert wird. Dem Scrum-Framework liegen eine Vielzahl an Werten, Prinzipien und Methoden zugrunde.[4] Eines der wesentlichen Merkmale von Scrum ist das Ermöglichen von schnellem Feedback. Durch kurze Entwicklungszyklen (Sprints) und regelmäßiger Einbindung von Kunden und Stakeholdern (bspw. in Reviews) erhält das Scrum-Team wertvolles Feedback für die weitere Produktentwicklung. Das Produkt kann somit regelmäßig an die Bedürfnisse der Kunden sowie an sich ändernde Marktbedingungen angepasst werden. Im Vergleich zu traditionellen Entwicklungsmethoden wird der Umfang (Scope) des Produkts variabel gehalten. Es herrscht ein Verständnis dafür, dass der Umfang sich im Laufe der Entwicklungstätigkeit verändert. Eine weitere zentrale Eigenschaft von Scrum ist, dass die Menschen über Prozesse und Tools gestellt werden. Ein Scrum-Team ist ein selbstorganisiertes und lernendes Team, das crossfunktional aufgestellt ist. Das bedeutet, alle Fähigkeiten zur Fertigstellung des Produkts stehen im Team zur Verfügung, wodurch sequentielle Abarbeitung vermieden und eine schnellere time-to-market erreicht wird.[5]

---

[2] Schwaber, K. / Sutherland, J. (2013), S. 3
[3] Vgl. o.V. (o.J.), http://scrum-master.de/ (Stand: 13.07.2018)
[4] Vgl. Rubin, K. (2014), S. 47
[5] Vgl. Morris, D. (2017), S. 11 ff.

Das Scrum-Framework besteht aus einer Reihe von Aktivitäten, Artefakten und Rollen. In Abbildung 1 ist beispielhaft ein Sprint mit all seinen Aktivitäten und Artefakten dargestellt. Die für diese Arbeit maßgeblichen Rollen und Artefakte werden in den nächsten Abschnitten näher erläutert.

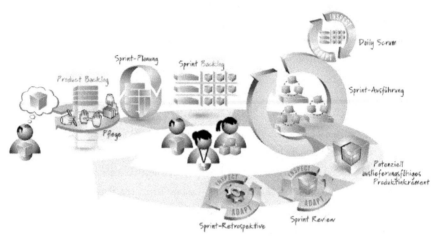

Abbildung 1: Das Scrum-Framework[6]

2.2 Rollen

Ein Scrum-Team wird aus den drei Scrum-Rollen Product Owner, Scrum Master und Development Team gebildet. Alle drei Rollen sind Teil des Scrum-Teams, siehe Abbildung 2. Jeder Rolle kommen unterschiedliche Aufgaben und Verantwortlichkeiten zu, welche in den folgenden Abschnitten erläutert werden.

---

[6] Enthalten in: Rubin, K. (2014), S. 51

SCRUM TEAM

UMSETZUNGS TEAM

PRODUCT OWNER

SCRUM MASTER

Abbildung 2: Das Scrum-Team bestehend aus Product Owner, Scrum Master und Development Team[7]

2.2.1 Product Owner

Der Product Owner übernimmt in Scrum die Verantwortung für das Produkt und ist für dessen Entstehung und (wirtschaftlichen) Erfolg verantwortlich.[8] Der Product Owner ist immer eine einzelne Person, kein Lenkungskreis oder Komitee. Nur er ist für das Ergebnis verantwortlich und rechenschaftspflichtig.[9] Er gibt im Scrum-Framework das „was" vor, also welche Eigenschaften und Funktionalitäten entwickelt werden sollen. Dazu entwickelt er eine Product Vision, die er den anderen Mitgliedern des Scrum-Teams vermittelt.[10] Um die Zufriedenheit der Kunden sicherzustellen, vertritt er im Scrum-Team die Interessen der Stakeholder außerhalb des Teams.[11] Eine seiner Hauptaufgaben besteht im Management des Product Backlogs, das heißt dem Formulieren von Anforderungen sowie deren Priorisierung.[12] Die Aufgaben des Product Owners werden in Kapitel 3 weiter vertieft.

---

[7] Eigene Darstellung
[8] Vgl. Pichler, R. (2014), S. 8
[9] Vgl. Schwaber, K. / Sutherland, J. (2013), S. 5
[10] Vgl. Rubin, K. (2014), S. 49
[11] Vgl. Franken, M. (2014), S. 11
[12] Vgl. Rubin, K. (2014), S. 49

2.2.2 Scrum Master

Der Scrum Master unterstützt als Teil des Scrum-Teams den Product Owner sowie das Entwicklungsteam. Dabei agiert er als Coach und Trainer, indem er die Scrum-Werte, -Prinzipien und -Methoden vermittelt sowie bei der Ausübung des Scrum-Frameworks unterstützt. Seine Tätigkeiten beziehen sich aber nicht nur auf das Scrum-Team. So vermittelt er auch den relevanten Stakeholdern oder in größeren Organisationen dem Management die Scrum-Prinzipien und hilft beim Umstieg von klassischen Projektmanagementmethoden auf Scrum. Im Team ist eine seiner wesentlichen Aufgaben das Beseitigen von Hindernissen, den sogenannten Impediments. Können einzelne Teammitglieder Probleme nicht lösen und wird dadurch die Produktivität des Teams gestört, so ist es am Scrum Master, bei der Lösung dieser Probleme eine führende Rolle einzunehmen. Darüber hinaus moderiert der Scrum Master wichtige Team Ereignisse, wie beispielsweise das Planning oder das Refinement.[13]

Durch seine Arbeit sorgt der Scrum Master für eine störungsfreie und effiziente Arbeitsumgebung mit dem Ziel, einen effektiven Arbeitsfluss im Team herzustellen.

2.2.3 Development Team

Das Development Team besteht im optimalen Fall aus 7 +/- 2 Teammitgliedern, welche idealerweise zu 100% dediziert für das Projekt arbeiten. Das Development Team sollte cross-funktional aufgestellt und dazu fähig sein, am Ende eines jeden Sprints lieferfähige Produktinkremente fertigzustellen. Dabei arbeitet das Team selbstorganisiert und eigenverantwortlich, es entscheidet selbst darüber, wie ein Product Backlog Item zu einem auslieferbaren Produktinkrement entwickelt wird.[14] Innerhalb des Teams gibt es keine Unterscheidung in einzelne Rollen wie etwa Architekt, Tester oder Oberflächendesigner; jedes Teammitglied trägt den Titel des „Developers". Das Team als Ganzes verpflichtet sich unabhängig spezifischer Fähigkeiten dazu, die vereinbarten Sprintziele zu erreichen und verantwortet dabei alle notwendigen Arbeitsschritte wie das Designen, Entwickeln und Testen des Produktinkrements.[15]

---

[13] Vgl. Rubin, K. (2014), S. 49 f.
[14] Vgl. Schwaber, K. / Sutherland, J. (2013), S. 6
[15] Vgl. Hundhausen, R. (2012), S. 229

2.3 Ausgewählte Scrum-Artefakte

2.3.1 Product Vision

In der Product Vision werden die übergeordneten Ziele des Scrum-Projekts deklariert, wodurch die Richtung des Projekts für das Scrum-Team vorgegeben wird.[16] Die Product Vision ist eine Leitidee und ein Bild der Zukunft, das durch das Projekt erreicht werden soll.[17] Sie beinhaltet in der Regel die Zielgruppen des Produkts sowie deren Bedürfnisse und Probleme, die durch das Produkt gelöst werden sollen. Das Produkt als solches wird ebenfalls in der Product Vision mit den Attributen skizziert, die zur Erfüllung der Bedürfnisse der Zielgruppe erforderlich sind.[18]

Die Vision muss vom gesamten Scrum-Team sowie den Kunden und Stakeholdern verstanden und getragen werden, damit sie erreicht werden kann. Für das Scrum-Team entsteht durch die Vision Motivation und Fokus. Sie unterstützt beispielsweise bei Diskussionen über Features oder bei der Priorisierung des Product Backlogs.[19]

Da der Product Owner für den Erfolg des Produkts verantwortlich ist (siehe Abschnitt 2.2.1), ist er für die Erstellung der Product Vision verantwortlich. Die Aktivitäten zur Erstellung der Product Vision sollte der Product Owner gemeinsam mit dem Scrum-Team und den Stakeholdern durchführen, um so ein großes Maß an Verbundenheit zur Product Vision zwischen allen Beteiligten zu erreichen.[20] Hierzu bieten sich beispielsweise Workshop-Formate an, in denen Methoden wie das Product Vision Board von Roman Pichler eingesetzt werden.

2.3.2 Product Roadmap

Abgeleitet aus der Product Vision (siehe Abschnitt 2.3.1) entsteht die Product Roadmap, welche den Weg zum Erreichen des in der Vision skizzierten Zukunftsbildes des Produkts darstellt. Die Product Roadmap ist eine zeitliche Darstellung von Features, die vom Scrum-Team umgesetzt werden sollen. Dabei ist die Product Roadmap nicht mit einem Phasenplan eines Projekts zu verwechseln, es handelt sich mehr um ein strategisches Werkzeug, als um einen detaillierten Plan.[21] Ebenso wie bei der Product Vision geht es hier um ein gemeinsames Verständnis von dem,

---

[16] Vgl. Pichler, R. (2009), https://www.scrumalliance.org/ (Stand: 01.08.2018)
[17] Vgl. o.V. (2013), https://goscrum.wordpress.com/ (Stand: 01.08.2018)
[18] Vgl. it-agile GmbH (Hrsg.) (o.J.), https://www.it-agile.de/ (Stand: 01.08.2018)
[19] Vgl. it-agile GmbH (Hrsg.) (o.J.), https://www.it-agile.de/ (Stand: 01.08.2018)
[20] Vgl. Pichler, R. (2009), https://www.scrumalliance.org/ (Stand: 01.08.2018)
[21] Vgl. Neuberger, D. (2015), https://www.produktbezogen.de/ (Stand: 01.08.2018)

was das Scrum-Team entwickelt, weshalb die Product Roadmap in Zusammenarbeit von Product Owner, Entwicklungsteam und Stakeholdern / Kunden erstellt werden sollte.[22]

2.3.3 Product Backlog

Das Product Backlog ist eine priorisierte Aufstellung aller Anforderungen an das Produkt.[23] Die einzelnen Elemente des Product Backlogs werden als Product Backlog Items bezeichnet. Zu Beginn der Entwicklung müssen nicht alle Product Backlog Items vollständig vorliegen, denn beim Product Backlog handelt es sich nicht um ein starres Lastenheft, sondern um ein dynamisches Artefakt.[24] Bei den einzelnen Anforderungen kann es sich um Funktionen handeln, die für das Erreichen der Product Vision erforderlich sind, aber auch um Änderungen bestehender Funktionen, technische Verbesserungen oder Lösung von Problemen.[25] Wie in Abschnitt 2.2.1 erläutert, ist das Management des Product Backlogs die Aufgabe des Product Owners. Dazu zählt die kontinuierliche Weiterentwicklung des Backlogs, die ständige Pflege und Priorisierung.[26] Gemeinsam mit den Stakeholdern erarbeitet der Product Owner die Product Backlog Items. In sogenannten Refinement- oder Grooming-Sessions werden die Anforderungen gemeinsam mit dem Scrum-Team weiter verfeinert sowie die Größe der Elemente geschätzt.[27]

2.3.4 Sprint Backlog

Das Sprint Backlog entsteht während des Sprint Plannings.[28] Beim Sprint Planning ermittelt das Entwicklungsteam die Backlog Items, die das Team realistischerweise im folgenden Sprint fertigstellen kann. Dabei orientiert es sich an der Priorität im Product Backlog sowie an dem durch den Product Owner vorgegebenen Sprint Ziel.[29] Die vom Entwicklungsteam für den Sprint ausgewählten Backlog Items werden in ein zweites Backlog aufgenommen, dem sogenannten Sprint Backlog, welches nur dem Entwicklungsteam gehört. Daneben enthält das Sprint Backlog Tasks, die für die Fertigstellung der Product Backlog Items erforderlich sind.[30]

---

[22] Vgl. Layton, M. / Morrow, D. (2018), S. 48
[23] Vgl. Jungwirth, K. (2016), https://www.inloox.de (Stand: 30.07.2018)
[24] Vgl. Jungwirth, K. (2016), https://www.inloox.de (Stand: 30.07.2018)
[25] Vgl. Rubin, K. (2014), S. 52
[26] Vgl. Jungwirth, K. (2016), https://www.inloox.de (Stand: 30.07.2018)
[27] Vgl. Rubin, K. (2014), S. 53 f.
[28] Vgl. Maximini, D. (2012), S. 178
[29] Vgl. Rubin, K. (2014), S. 55
[30] Vgl. Maximini, D. (2012), S. 178

3.1 Aufgaben und Herausforderungen des Product Owners

„Der Product Owner ist für die Wertmaximierung des Produkts sowie der Arbeit des Entwicklungsteams verantwortlich."[31] Mit dieser Verantwortung gehen etliche Aufgaben und Herausforderungen für den Product Owner einher. Eine seiner wichtigsten Aufgaben, welche auch explizit im Scrum Guide genannt ist, ist das Management des Product Backlogs.[32] Dazu zählt vor allem das Formulieren der Backlog-Einträge sowie deren Priorisierung. Ziel der Priorisierung sollte es sein, den Wert der Arbeit des Entwicklungsteams zu optimieren. Um eine Priorisierung mit diesem Ziel durchführen zu können sowie die Produkt-Ziele und das Backlog transparent für die Stakeholder und das Entwicklungsteam zu halten, empfiehlt sich das Erstellen einer Product Vision und das Managen einer Product Roadmap. Damit zusammen hängen dann das Planen von Product Releases und die Vorbereitung der Markteinführung. All diese Aufgaben fallen in das Tätigkeitsgebiet des Product Owners. Die Vielfalt an Tätigkeiten ist in Abbildung 3 dargestellt.

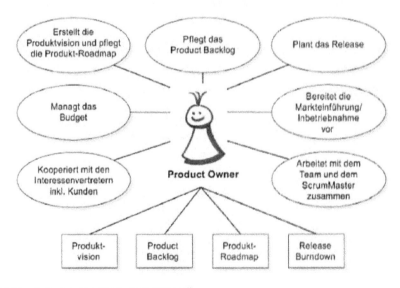

Abbildung 3: Das Aufgabengebiet des Product Owners[33]

---

[31] Schwaber, K. / Sutherland, J. (2013), S. 5
[32] Vgl. Schwaber, K. / Sutherland, J. (2013), S. 5
[33] Enthalten in: Pichler, R. (2014), S. 9

Die Arbeit des Product Owners ist von einer engen Zusammenarbeit mit dem Development Team und dem Scrum Master geprägt. Für das Sprint Planning, in welchem er anwesend ist, formuliert er das Sprint-Ziel. Dafür ist es neben einer engen Zusammenarbeit mit dem Entwicklungsteam notwendig, mit allen Stakeholdern des Produkts zu kommunizieren. Dazu zählen Kunden, Anwender, Auftraggeber und weitere am Produkt / Projekt interessierte Parteien. Dies liegt darin begründet, dass er die Kundenbedürfnisse richtig verstehen muss, um einen Mehrwert des Produkts für die Kunden zu erzielen und entsprechende Sprint-Ziele zu formulieren.[34] Die Kundenzufriedenheit ist ein wesentliches Ziel des Product Owners. Das bedeutet allerdings nicht, dass das restliche Scrum-Team nicht mit den Kunden und Anwendern kommunizieren sollte. Der Vorteil des Scrum-Frameworks sind schnelle Feedback-Zyklen. Das sollte das Scrum-Team nutzen, und mit den Kunden und Anwendern während der Umsetzung in Kontakt treten. Im Sprint Review Meeting interagieren Stakeholder ebenfalls direkt mit dem Development Team.[35] Während eines Sprints muss der Product Owner stets für fachliche Rückfragen des Development Teams zur Verfügung stehen. Am Sprintende nimmt der Product Owner die umgesetzten Produktinkremente ab.

Zusätzlich zu allen fachlichen und kommunikativen Aufgaben ist der Product Owner mit seiner Produktverantwortung auch für die Projektsteuerung und das Budgetmanagement verantwortlich.[36]

Als zentrale Herausforderung ist die ständige Erreichbarkeit des Product Owners sowohl für die Stakeholder als auch für das Development Team zu nennen. Das Development Team wünscht sich häufige Präsenz, beispielsweise im Daily Scrum, um Fragen zu Features schnell und einfach klären zu können.[37] Auf der anderen Seite muss der Product Owner auch ständig mit diversen Stakeholdern wie Kunden, Anwendern und Auftraggeber in Kontakt sein. In der Praxis verbringt der Product Owner ungefähr die Hälfte seiner Arbeitszeit im Dialog mit den Stakeholdern.[38] Dies führt zu einer weiteren Herausforderung des Product Owners. Da er mit einer Vielzahl verschiedener Stakeholder(-gruppen) im Austausch ist, sammelt er auch eine Vielzahl verschiedener Meinungen, Wünsche und Anforderungen an das Produkt. „Am Ende muss man selber entscheiden, was als nächstes umgesetzt wird und das dann auch vertreten. Für mich ist dies

---

[34] Vgl. Pichler, R. (2008), https://www.romanpichler.com/ (Stand: 04.08.2018)
[35] Vgl. Pichler, R. (2014), S. 12
[36] Vgl. Pichler, R. (2014), S. 9
[37] Vgl. Lummer, A. (2013), http://www.produktmanager-blog.de/ (Stand: 03.08.2018)
[38] Vgl. Franken, M. (2014), S. 11

oftmals die größte Herausforderung. Man kann selten allen Leuten gerecht werden und es wird oftmals verlangt, dass man Entscheidungen ausgiebig rechtfertigt, noch bevor der Erfolg abgewartet wird."[39], beschreibt Heike Funk ihre Herausforderungen als Product Ownerin. Als weitere Herausforderung ist das tiefe fachliche Wissen verbunden mit einem strategischen Weitblick zu nennen. Während der Product Owner eine strategische Vision aufstellen und dabei das große Ganze im Blick haben muss, so soll er sich zusätzlich noch in Details auskennen, um beispielsweise dem Development Team Rückfragen beantworten zu können. Er arbeitet sowohl auf hoher strategischer Ebene, als auch auf der tiefsten operativen Ebene. Zusätzlich dazu, muss er sich auch in vielen fachlichen Disziplinen auskennen, wenn er beispielsweise mit Entwicklern über technische Machbarkeit oder mit dem Marketing über Werbemittel diskutiert.[40]

Die Aufgaben und Herausforderungen des Product Owners sind immens. Im nachfolgenden Abschnitt werden nun Eigenschaften erarbeitet, die ein Product Owner zur Erfüllung dieser Aufgaben benötigt.

3.2 Eigenschaften eines erfolgreichen Product Owners

Wie im vorangegangenen Abschnitt erläutert, steht der Product Owner mit verschiedenen Stakeholdern sowie dem Scrum-Team ständig im engen Kontakt. Daraus abgeleitet sollte der Product Owner über starke **Kommunikations- und Motivationsfähigkeiten** verfügen.[41] Da er derjenige ist, der die Priorisierung der zu entwickelnden Product Backlog Items übernimmt und dabei die Interessen und Wünsche verschiedener Stakeholder berücksichtigen sowie die Wirtschaftlichkeit des Produkts verantworten muss, benötigt er sowohl **Verhandlungsgeschick** und **Überzeugungskraft**[42] als auch die Fähigkeit, **unternehmerisch zu denken und handeln**.[43] Die Fähigkeit unternehmerisch zu denken und zu handeln ist zentral für den Erfolg des Produktes. So muss der Product Owner wichtige von unwichtigen Anforderungen trennen können sowie stets diejenigen Backlog Items hoch priorisieren, die den höchsten Business Value erzielen.[44] Dazu zählt auch, **strategisch und visionär zu denken,** um die Product Vision zu kreieren und die Product Roadmap zu erschaffen.[45] Operativ muss der Product Owner dazu in der Lage sein,

---

[39] Funk, H. (2011), https://www.scrum-projekt.de/ (Stand: 03.08.2018)
[40] Vgl. Wiechmann, R. (2011), https://www.scrum-projekt.de/ (Stand: 04.08.2018)
[41] Vgl. Maximini, D. (2012), S. 185
[42] Vgl. Jungwirth, K. (2016a), https://www.inloox.de/ (Stand: 04.08.2018)
[43] Vgl. Maximini, D. (2012), S. 185
[44] Vgl. Nazarian, R. (2017), https://reza-nazarian.de/ (Stand: 04.08.2018)
[45] Vgl. Maximini, D. (2012), S. 185

Anforderungen an das Produkt auszuformulieren. Um bei seiner Arbeit mit den Stakeholdern die wirklichen Probleme und Bedürfnisse zu erkennen, sollte er stark im **Requirements Engineering** sein sowie ein ausgeprägtes **analytisches Denken** besitzen[46].

Der Product Owner muss sein Produkt sehr gut kennen, da er eine Expertenrolle einnimmt. Dazu zählt auch, dass er über den Markt seines Produktes Bescheid weiß, sich für die Bedürfnisse der Kunden und Anwender interessiert sowie Trends und Produkte der Konkurrenz verfolgt.[47] Neben dem **fachlichen Wissen** über sein Produkt und dessen Umfeld ist **methodisches Wissen** im agilen Projektmanagement notwendig. Technisches Know-How ist nicht erforderlich, aber hilfreich.[48]

Für das Entwicklungsteam muss der Product Owner **verfügbar** sein, um Rückfragen im laufenden Sprint so schnell wie möglich nach ihrem Aufkommen beantworten zu können und so die Entwicklung nicht zu blockieren.[49] Die Product Owner Rolle ist ein Vollzeit-Job, er muss zu 100% für das Produkt / Projekt verfügbar sein.[50]

Neben den persönlichen Fähigkeiten des Product Owners trägt auch das Unternehmen zu seinem Erfolg bzw. zum Produkterfolg bei. Vom Management muss der Product Owner bevollmächtigt sein, autark Entscheidungen in Bezug auf die Funktionen des Produkts, die Priorisierung von Anforderungen und die Verwendung des Budgets treffen zu können.[51] Erforderlich ist diese **Entscheidungsbefugnis,** um bei Unklarheiten zu jedem Zeitpunkt rasche Entscheidungen herbeiführen zu können und so das Entwicklungsteam nicht zu blockieren. Das Management sollte dem Product Owner lediglich als Eskalationspartner zur Seite stehen, die Entscheidungen über das Produkt aber ihm überlassen.[52] Idealerweise ist „der Product Owner [..] die letzte Instanz für Entscheidungen, die das Produkt betreffen."[53] Damit der Product Owner die ihm überlassene Entscheidungsbefugnis adäquat ausüben kann, muss er **Entscheidungsfähigkeit** besitzen. Er muss vor dem Entwicklungsteam sicher auftreten und Entscheidungen treffen, gegebenenfalls auch nur auf geringer Informationsbasis.[54]

---

[46] Vgl. Maximini, D. (2012), S. 185
[47] Vgl. Pichler, R. (2014), S. 19; Wiechmann, R. (2011), https://www.scrum-projekt.de/ (Stand: 04.08.2018)
[48] Vgl. Nazarian, R. (2017), https://reza-nazarian.de/ (Stand: 04.08.2018)
[49] Vgl. Rubin, K. (2014), S. 49
50 Vgl. Franken, M. (2014), S. 11
[51] Vgl. Pichler, R. (2008), https://www.romanpichler.com/ (Stand: 04.08.2018)
[52] Vgl. Pichler, R. (2014), S. 18
[53] Gloger, B. (2017), S. 212
[54] Vgl. Gloger, B. (2017), S. 212 f.

4 Zusammenfassung und kritische Reflexion

Ziel dieser Arbeit war es, zu untersuchen, welche Fähigkeiten ein Product Owner in agilen Softwareentwicklungsprojekten benötigt, um ein erfolgreiches Produkt zu entwickeln. Dazu sollten die Aufgaben und Herausforderungen von Product Ownern erarbeitet werden, auf Basis dessen dann die dazu notwendigen Fähigkeiten abgeleitet werden sollten. Mit den Ausführungen in Kapitel 3 konnte diese Zielsetzung in einem guten Detailgrad erreicht werden.

Zusammenfassend lässt sich festhalten, dass die Aufgaben des Product Owners sehr vielfältig und herausfordernd sind. In seiner täglichen Arbeit muss der Product Owner auf verschiedenen Ebenen und Detailtiefen unterwegs sein. So muss er zur Erstellung der Product Vision in der Lage sein, strategisch und visionär zu denken, gleichzeitig ist er aber auch für das Managen des Product Backlogs und damit für das Formulieren von Anforderungen zuständig. Im Team diskutiert er dann auf tiefster Detailebene über die Anforderungen. Durch seine vielen Kontaktpunkte innerhalb und außerhalb des Teams muss er Verhandlungsgeschick und Überzeugungsfähigkeit beweisen. Er muss Stakeholder zufrieden stellen, aber auch wichtiges vom unwichtigen unterscheiden können. Dazu wiederrum muss er zum einen die Fähigkeit analytisch zu denken besitzen, aber auch die Befugnis und Fähigkeit haben, Entscheidungen eigenverantwortlich treffen zu können. Letztendlich ist der Product Owner für den Erfolg des Produkts verantwortlich. Dies bezieht sich sowohl auf den kommerziellen Erfolg als auch auf die Zufriedenheit der Stakeholder. Dazu ist es notwendig, dass der Product Owner stets unternehmerisch denkt und handelt.

Trotz der Erreichung des Ziels dieses Assignments ist deutlich ersichtlich, dass die vielfältigen Aspekte von agilen Softwareprojekten sowie des Scrum-Frameworks eine weitere, tiefergehende Betrachtung benötigen. In diesem Assignment lag der Fokus auf die Fähigkeiten des Product Owners. Bei einer weitergehenden Betrachtung des Scrum-Frameworks sind jedoch auch alle anderen Rollen zu beleuchten, insbesondere die Rolle des Scrum Masters. Daneben bieten Aspekte der Skalierung des Scrum-Frameworks mit einer Vielzahl an Teams Raum für weitere Untersuchungen.

Quellenverzeichnis

Literaturverzeichnis

Franken, Michael (2014): Scrum für Dummies, Weinheim.

Gloger, Boris (2017): Scrum Think Big: Scrum für wirklich große Projekte, viele Teams und viele Kulturen, München.

Hundhausen, Richard (2012): Professional Scrum Development with Microsoft Visual Studio 2012, Sebastopol.

Layton, Marc C. / Morrow, David (2018): Scrum for dummies, 2. Auflage, Hoboken, New Jersey.

Maximini, Dominik (2012): Scrum – Einführung in der Unternehmenspraxis: Von starren Strukturen zu agilen Kulturen, Wiesbaden.

Morris, David (2017): Scrum in easy steps: An ideal framework for agile projects, Warwickshire.

Pichler, Roman (2014): Agile Produktmanagement mit Scrum: Erfolgreich als Product Owner arbeiten, 2. Auflage, Heidelberg.

Rubin, Kenneth S. (2014): Essential Scrum – umfassendes Scrum-Wissen aus der Praxis, Heidelberg.

Schwaber, Ken / Sutherland, Jeff (2013): Der Scrum Guide.

Verzeichnis der Internetquellen

Funk, Heike (2011): Interview Heike Funk, in: Wiechmann, Robert (Hrsg.) (2011): Product Owner im Portrait, https://www.scrum-projekt.de/product-owner-im-potrait-interview-heike-funk/#more-4705 (Letzter Zugriff: 03.08.2018).

IT-Agile GmbH (Hrsg.) (o.J.): Produktvision, https://www.it-agile.de/wissen/agiles-produktmanagement/produktvision/ (Letzter Zugriff: 01.08.2018).

Jungwirth, Kathrin (2016): Scrum Grundlagen einfach erklärt: Der Product Backlog, https://www.inloox.de/unternehmen/blog/artikel/scrum-grundlagen-einfach-erklaert-der-product-backlog/ (Letzter Zugriff: 30.07.2018).

Jungwirth, Kathrin (2016a): Scrum: So finden Sie einen exzellenten Product Owner, https://www.inloox.de/unternehmen/blog/artikel/scrum-so-finden-sie-einen-exzellenten-product-owner/ (Letzter Zugriff: 04.08.2018).

Lummer, Achim (2013): Die Herausforderungen des Product Owners in agilen Prozessen, http://www.produktmanager-blog.de/die-herausforderungen-des-product-owners-in-agilen-prozessen/ (Letzter Zugriff: 03.08.2018).

Nazarian, Reza (2017): Was muss ein Product Owner können?, https://reza-nazarian.de/muss-product-owner-eigentlich-koennen (Letzter Zugriff: 04.08.2018).

Neuberger, Daniel (2015): Product Roadmap – von der Vision zur Realität, https://www.produktbezogen.de/product-roadmap-von-der-vision-zur-realitaet/ (Letzter Zugriff: 01.08.2018).

o.V. (2011): Agile Entwicklung und iterative Vorgehensmodelle 1, http://www.isicore.de/isicore-blog/agile-entwicklung-iterative-vorgehensmodelle (Letzter Zugriff: 05.08.2018).

o.V. (2013): Eine Produktvision erstellen, https://goscrum.wordpress.com/2013/02/27/wie-finde-ich-eine-vision/ (Letzter Zugriff: 01.08.2018).

o.V. (o.J.): Agiles Manifest, http://scrum-master.de/Scrum-Glossar/Agiles_Manifest (Letzter Zugriff: 13.07.2018).

Pichler, Roman (2008): Erfolgsfaktor Product Owner, https://www.romanpichler.com/articles/pdfs/ErfolgsfaktorProductOwner.pdf (Letzter Zugriff: 04.08.2018).

Pichler, Roman (2009): The Product Vision, https://www.scrumalliance.org/community/articles/2009/january/the-product-vision (Letzter Zugriff: 01.08.2018).

Wiechmann, Robert (2011): Product Owner, https://www.scrum-projekt.de/tag/product-owner/ (Letzter Zugriff: 04.08.2018).